Esta obra ha recibido una ayuda
a la edición del Ministerio de Cultura

Rúa de Pastor Díaz, n.º 1, 4.º B. 36001 Pontevedra
Tel.: 986 860 276
editora@kalandraka.com
www.kalandraka.com

Impreso en Gráficas Anduriña, Poio
Primera edición: junio, 2024
ISBN: 978-84-1343-301-1
DL: PO 214-2024

*Alejandro Pedregosa*

# VOCACIÓN DE LIBERTAD

*Vida de Carmen de Burgos*

Ilustraciones de

*Carmen F. Agudo*

Kalandraka

# ÍNDICE

## VOCACIÓN DE LIBERTAD

# Tomando altura

Corre el año mil ochocientos setenta y tantos. En Almería, mirando al mar y mirando a África, se encuentra el Valle de Rodalquilar. Es un lugar bellísimo, casi incomunicado y con una naturaleza áspera y bravía. La gente vive de lo que puede sacarle a la tierra y, por eso, en su mayor parte, es gente pobre.

A vista de pájaro, el valle parece un manto marrón salpicado de cortijos blancos. En uno de ellos, junto a la casona encalada, hay un árbol alto y robusto a cuyas ramas ha trepado una niña. La niña se llama Carmen, tiene un libro en las manos y su madre la está buscando en el interior de la casa: «¡Carmen, Carmen!».

La madre es muy joven, acaba de cumplir veinte años. Siempre ha vivido en estos campos y le ha enseñado a su hija cada rincón del valle, desde las estribaciones montañosas a las playas más recónditas. Su nombre es Nicasia Seguí y está casada con José de Burgos, un señor amable, de ideas liberales, que es vicecónsul de Portugal en Almería. El hombre tiene una biblioteca bien nutrida y ha transmitido a su hija el gusto por la lectura, tanto que a veces, sin pedir permiso, Carmen se encarama al anaquel más alto de la librería para alcanzar los libros prohibidos, los que no deben leer las niñas de su edad. Es por eso que su madre la busca ahora –¡Carmen, Carmen!–. Hace un rato, mientras limpiaba el despacho, ha visto un vacío sospechoso en la parte alta de la biblioteca y supone que la niña ha vuelto a las andadas. Apenas sale al porche, la descubre subida al árbol, ensimismada en la lectura. «Diablo de niña, ¿se puede saber qué haces ahí arriba? Algún día te vas a partir la crisma.» Carmen levanta la vista del libro, sonríe y mira al frente.

La extensión azul del mar Mediterráneo le brilla en los ojos. Nicasia no lo sabe todavía, pero el destino de su hija es la altura. Será Carmen como el gaviero de un barco. Desde el mástil mayor divisará la tierra del futuro y los libros, como estrellas, le señalarán el camino.

SEGUNDO PELDAÑO

# El mal amor

El tiempo sigue su curso. Carmen de Burgos se ha convertido en una joven que ronda los dieciocho años. Tiene el rostro redondo y los ojos negros como las piedras de Rodalquilar. Su piel sin embargo es blanquísima. Hay en ella una belleza limpia y clara, como de luna llena.

Carmen ya no sube a los árboles, pero los libros siguen siendo su pasión. De tanto leer ha conseguido tener opiniones propias y, a menudo, las defiende con pasión y no poca terquedad. Cree, por ejemplo, en el amor arrebatado de las novelas románticas y desde hace unos meses ha puesto sus ojos en Arturo Álvarez Bustos, un periodista catorce años mayor que ella. Le encanta su figura de galán, y más aún que dirija un periódico y haga vida de escritor.

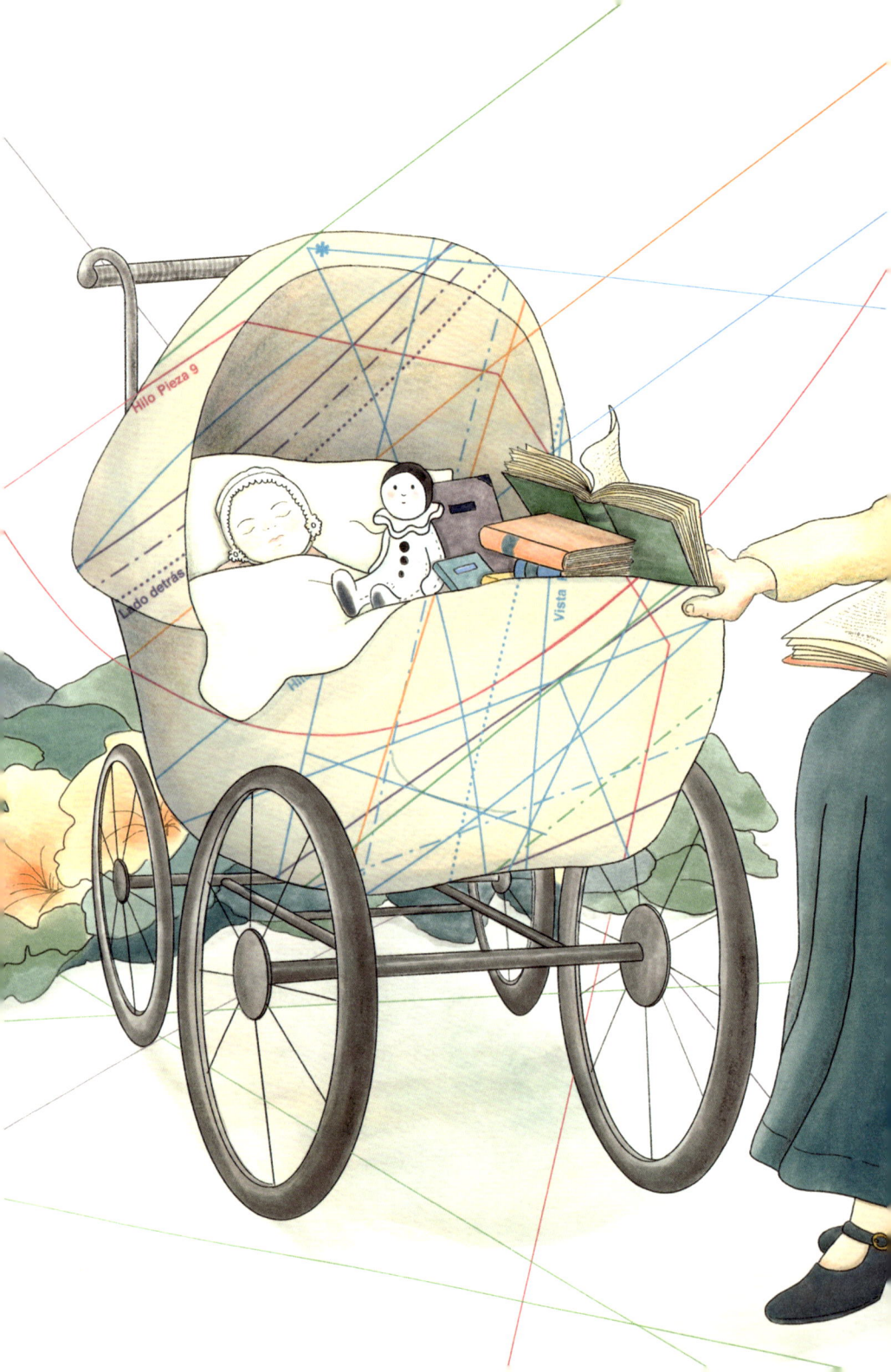

La venda del enamoramiento le impide ver lo que todo el mundo sabe, que el guapito de Arturo es en realidad un señoritingo al que le gustan demasiado las tabernas y enganchar una juerga con otra. Pronto se casan y pronto se estrellan contra el suelo los sueños románticos de Carmen. El amor, sea lo que sea, no puede ser aquel tipo borracho que llega a casa de madrugada y escribe letrillas soeces en los periódicos. A los constantes conflictos en la pareja hay que añadir un drama aún mayor: tres veces se ha quedado Carmen embarazada y tres veces se le han muerto los hijos al poco tiempo de nacer. El único consuelo llega en 1895 con el nacimiento y supervivencia de su hija María, aunque, para entonces, Carmen ya está pensando en cómo cambiar aquella vida que no es vida. Pero ¿qué hacer? ¿adónde ir?

Una tarde, durante la siesta, Carmen sueña con el árbol del cortijo de Rodalquilar. En el sueño vuelve a encaramarse a sus ramas recias y desde allí otea el horizonte. Cuando despierta nota el corazón acelerado y feliz. Desde el árbol, más allá del horizonte, ha vislumbrado un futuro posible. Y ahora tiene un plan; un plan para las dos.

≡

TERCER PELDAÑO

# Una habitación propia

En 1929 la escritora inglesa Virginia Woolf publica *Una habitación propia,* un ensayo donde plantea la necesidad de las mujeres de poseer un espacio y una economía independientes. Treinta y un años antes, en 1898, Carmen de Burgos se gradúa como Maestra de Primera Enseñanza en la Escuela Normal de Granada. El plan que vislumbró en aquella siesta veraniega alcanza así su primera fase: tener una titulación.

Son años duros y lentos. Carmen estudia, cuida de María y, de vez en cuando, copia noticias y escribe artículos para que el ruinoso periódico de Arturo consiga mantenerse a flote. Sigue leyendo mucho y sigue pensando. Empieza a sospechar que los grandes males de la sociedad española no serían tan grandes si en las escuelas se impartiera una educación moderna, racionalista y laica. De momento se lo guarda para sí; no lo comenta con nadie, pero lo piensa. En 1901 Carmen oposita y gana una plaza en la Escuela Normal de Maestras de Guadalajara. Culmina entonces la segunda fase de su plan: la independencia económica. El sueldo no es gran cosa, pero le sirve de catapulta para coger nuevamente altura y parecerse a la niña que fue –a la mujer que es.

Se marcha de Almería a Madrid en busca de su habitación propia. Lleva a María en brazos dejando tras de sí un reguero espeso de chismes y rumores: pero ¿dónde se ha visto esto? ¿Qué clase de mujer abandona al marido y se lanza al mundo por su cuenta y riesgo? Ignoran los murmuradores que aquello es solo el principio; les queda todavía mucha Carmen por ver, mucha Carmen por criticar.

≡

CUARTO PELDAÑO

*Colombine*

Sucede en Madrid, en un despacho de la calle de San Marcos. A un lado de la mesa hay un hombre con las puntas del bigote curvadas hacia arriba. Es Augusto Figueroa, el director del *Diario Universal*. Al otro lado de la mesa está Carmen de Burgos. Viste para la ocasión un complicado sombrero con flores amarillas que la hace parecer más alta todavía. Augusto le pasa un papel y ella lo firma. La rúbrica es tan enmarañada como su sombrero. Luego, ambos se estrechan la mano. Ya está; ha sucedido: Carmen se acaba de convertir en la primera periodista profesional de España; la primera mujer que va a cobrar dinero por hacer públicas sus opiniones, por ilustrar con sus conocimientos a un grupo de lectores, mejor dicho, lectoras, porque la columna de Carmen llevará por título «Lecturas para la mujer».

Hilo Pieza 7

Lado delante Pieza 3

AÑO II.    Carmen de Burgos

Irá firmada con el seudónimo de *Colombine*, un nombre que don Augusto, vaya usted a saber por qué, encuentra muy apropiado.

A Carmen la idea del seudónimo no le estorba en absoluto. Colombine es el personaje femenino más importante en la comedia del arte, una criada astuta que resuelve intrigas y deshace enredos. También Carmen es astuta, más que Colombine incluso. Con los años ha conseguido domar aquel genio silvestre de su juventud. Hoy sabe que cualquier causa noble se defiende mejor con ideas inteligentes que con puñetazos en la mesa. Todos los días Carmen publica artículos donde habla de «cosas de mujeres»: higiene, moda, belleza… Pero, claro, también son cosas de mujeres el bajo salario de las modistas madrileñas, la situación de las campesinas andaluzas, los derechos de la mujer en Rusia, la educación femenina en Europa o el indulto a una mujer condenada a muerte… De todo ello, serena y espaciadamente –un artículo *incómodo* hoy, otro dentro de dos semanas…– va dando cuenta Colombine en sus columnas del *Diario Universal.*

Todavía no se atreve a decirlo, pero está abonando un terreno del que, más pronto que tarde, brotará la palabra vetada, la terrible, la impronunciable…: feminismo.

≡

QUINTO PELDAÑO

# La fama

Pasan pocos minutos de las cinco de la tarde, un domingo cualquiera de 1909. Carmen de Burgos vive con su hija María en el número 76 de la calle de San Bernardo. Por la escalera del portal suben un par de periodistas y varios jovenzuelos que aspiran a ser escritores. Todos visten su mejor sombrero. Están invitados al Salón de Colombine y eso requiere cierta etiqueta. Allí se habla de literatura, de arte, de política y…, por supuesto, se toma el té. Es una costumbre que Carmen ha traído de su largo viaje por Europa (Francia, Italia, Suiza…) donde ha pasado un año escribiendo artículos para el *Heraldo de Madrid*, impartiendo conferencias y participando en las tertulias más distinguidas. Porque Carmen, contra todo pronóstico, es la escritora de moda en los círculos literarios.

Se ha convertido en la primera mujer corresponsal de guerra (en la guerra de Marruecos) y a la popularidad de sus artículos en prensa hay que añadir el éxito de sus novelas cortas, celebradas por figuras como Blasco Ibáñez o Benito Pérez Galdós. Es tan famosa que ya tiene enemigos; sobre todo, desde que se le ocurrió abrir en el periódico una sección titulada «El voto de la mujer», donde invitaba a distintas personalidades a posicionarse con respecto al sufragio femenino. Las presiones para acabar con la encuesta fueron muchas y los insultos más, tanto que al mes tuvo que cerrarla. Pero el éxito es indiscutible. Ha conseguido colocar el debate sobre los derechos de la mujer en el centro de la opinión pública. En esta ocasión no se ha subido al árbol, pero ha movido el tronco con ímpetu y ha visto caer los primeros frutos.

Entre los invitados a la tertulia, hay un joven escritor. Se llama Ramón Gómez de la Serna; tiene veintiún años, los ojos negros y la mirada profunda como la boca de un volcán. El pelo, aplastado con fijador, le cae hacia la izquierda en pequeñas ondas que a Carmen le recuerdan el mar pausado de Rodalquilar. El corazón de Carmen tiene veinte años más que el de este joven escritor que fuma en pipa y habla con prudencia. Cuando su mano y la de Ramón se estrechan en el momento de la despedida, siente Carmen como un batir de alas muy adentro del pecho. Siente, además, que acaba de subir otro peldaño y que está a punto de derribar otra frontera.

≡

SEXTO PELDAÑO

# El buen amor

La mesa es larga y tiene un diseño sinuoso. Semeja la forma de un elegante piano de cola. A un lado trabaja Carmen, que lleva el pelo recogido en un moño de andar por casa. Al otro lado está Ramón, tiene la camisa a medio abotonar y lee en voz alta un fragmento de lo que espera sea su próxima obra. Carmen lo escucha y toma notas en un papel.

La literatura de Ramón apenas está despegando, mientras que Carmen se encuentra en plena madurez creativa: artículos, novelas, conferencias, crónicas de viajes, traducciones, ensayos… Carmen es la intelectual absoluta. Cuando le preguntan cuál es el tema de su literatura, ella responde escuetamente: «la vida».

Y es cierto. Los recuerdos de su infancia, la educación, el dolor por una España atrasada y supersticiosa, la degradación de las mujeres, sus estancias en América y Europa, la Guerra Mundial... Como una lluvia fina y nutritiva, todo lo que experimenta, todo lo que la conmueve, acaba calando en su obra. Y ahora, por fin, de un modo inapelable, experimenta el amor, el buen amor.

Carmen y Ramón acuden juntos a actos públicos y reuniones literarias. Son amantes y cómplices, compañeros y amigos. Su relación, como suele suceder con Carmen, va medio siglo por delante de su época. Los murmuradores desataron al principio el látigo de sus lenguas contra la pareja, pero pronto se cansaron ante la naturalidad con la que ambos pasean por el mundo.

La figura de Carmen es ya muy alta, durante años ha sufrido las ofensas de moralistas y reaccionarios, lo que puedan decir ahora de su vida amorosa apenas le roza el bies de la falda. Le hace cosquillas.

Ramón ha terminado de leer el fragmento de su nueva obra. «¿Qué te parece?», le pregunta. Carmen se toma unos segundos para ponerlo nervioso. Luego sonríe y, traviesa, le propone: «¿Y si nos vamos a pasar el verano a Portugal?».

≡

## SÉPTIMO PELDAÑO

# Portugal

De nuevo la altura, de nuevo la contemplación del mar y el horizonte.

En Estoril, encumbrada sobre una colina, a modo de atalaya, se encuentra una casa a la que llaman El Ventanal. Es el refugio que Carmen y Ramón han comprado para sosegar el ritmo de la vida y huir de la vorágine madrileña. Carmen no lo dice nunca, pero tiene ya cincuenta y seis años; hace poco le han confirmado que esos ahogos que padece no son una dolencia de los pulmones, como ella pensaba, sino del corazón. Hay un problema en su aorta y debe tomar precauciones y mucho reposo.

Portugal no es solo un lugar de retiro. Es mucho más. Desde pequeña, se ha sentido hermanada con esta tierra. Hace años visitó el país por primera vez y allí encontró algunas de las cosas que su espíritu inquieto no hallaba en España. Encontró la inquebrantable amistad de Ana de Castro, una feminista e intelectual de su misma talla, fundadora de *A Cruzada das Mulheres Portuguesas*. Agarrada a su brazo conoce Carmen el país y, sobre todo, el nacimiento de su nueva República, que busca implantar en Portugal los mismos avances sociales que Carmen sueña para España. En poco tiempo Carmen se convierte en un puente de unión entre ambos países. En Portugal da conferencias sobre literatura española y en España escribe artículos para dar a conocer la historia y la cultura lusas. Carmen ama Portugal y Portugal le corresponde con grandes amigos, un clima benigno y tiempo para seguir escribiendo.

La serenidad acuna su día a día durante las largas temporadas que pasan en El Ventanal.

Tan solo un asunto perturba a Carmen: María, la hija que ha vivido bajo su ala protectora durante tantos años, se ha casado y vive ahora en Estados Unidos. Tiene un carácter complicado e inestable; quiere triunfar como actriz, pero su carrera no acaba de arrancar. Carmen observa desde su terraza la extensión azul del océano Atlántico. María no lo dice en ninguna de sus cartas, pero Carmen lo intuye. Al otro lado de la inmensidad, en la orilla americana de ese mismo mar, las cosas no van bien.

OCTAVO PELDAÑO

# El crac

El destino es un duende revoltoso y, de vez en cuando, juega a cruzar la pequeña historia de las personas comunes con la gran historia de la humanidad. El año 1929 es recordado por el derrumbe inesperado de la Bolsa de Nueva York y la terrible crisis que trajo consigo —el famoso «crac del 29»—. También Carmen de Burgos, en ese mismo año, vivió su particular crac, y también fue totalmente inesperado.

María, su hija, regresa de Estados Unidos a principios de año. Se ha separado del marido, su carrera de actriz se ha ido deteriorando al mismo ritmo que su relación y a las constantes crisis nerviosas hay que añadirles ahora una seria adicción a las drogas. Han estado diez años separadas, pero Carmen sigue conservando bajo su ala ese lugar privilegiado y cálido donde cobijar a María.

Se vuelca en cuidarla e intenta relanzar su carrera. Surge entonces una oportunidad magnífica cuando Ramón estrena *Los medios seres*, una obra de teatro que él mismo dirige. Carmen le pide –le exige incluso– un papel para María. Quiere que su hija vuelva a sentirse actriz, que retome el contacto con la escena madrileña. Está convencida de que el trabajo la ayudará a sanar.

Pero el destino es un duende revoltoso.

En el escaso mes que duran los ensayos ocurre lo inverosímil, lo que nadie espera…: el crac. Ramón y María inician una relación sentimental de la que Carmen no tarda en enterarse. Un río de lava se abre camino en el maltrecho corazón de Carmen y, a su paso, lo abrasa todo. Las dos personas que más ha amado en la vida le propinan un golpe imprevisto y terrible.

Ramón pronto escurre el bulto y huye a París, mientras que María se queda tan enferma e indefensa como estaba, a expensas de lo que decida su madre. Carmen tiene en ese momento sesenta y dos años; es una mujer sabia que ha vivido mucho —y ha leído mucho—. Conoce bien las pasiones humanas y los extraños laberintos del alma. Con la herida abierta, con el dolor todavía latente, eleva de nuevo el ala protectora y acoge a su hija. En cuanto a Ramón, nunca le reprochará nada. El crac ha terminado con veinte años de amor y literatura compartida, pero la puerta de la amistad seguirá siempre abierta para su antiguo compañero.

El corazón de Carmen, a pesar del golpe, no se ha secado. El río de lava, al enfriarse, lo ha hecho más grande, más humano.

NOVENO PELDAÑO

# La República

Sucede el 1 de octubre de 1931. Después de varias horas de encendido debate, el presidente del Parlamento anuncia el resultado: «Puesta a votación la enmienda, ha sido aprobada por 160 votos a favor frente a 121 en contra. Las mujeres, por tanto, tienen derecho al voto». La alegría se desborda entre las sufragistas. Por primera vez las mujeres españolas podrán participar sin cortapisas en el futuro político de su país; por primera vez podrán elegir cada una de ellas, libremente, a sus representantes. Carmen participa del entusiasmo general. Hace veinticinco años fue ella quien promovió en el *Heraldo* la primera campaña en defensa del voto femenino. En 1927, publicó *La mujer moderna y sus derechos,* una obra enciclopédica que se convirtió en un referente para las primeras feministas españolas. Pero no se trata solo de la conquista del voto para la mujer; la alegría de Carmen es más amplia y tiene que ver con el advenimiento de la República, ese régimen político que ella ha visto florecer en Portugal y en el cual tiene puestas muchas esperanzas.

La llegada de la República sume a Carmen en un torbellino de actividades que le hacen olvidar por momentos la precaria salud de su corazón. Ahora o nunca, parece pensar, y se lanza a la conquista de antiguas demandas, como la aprobación del divorcio, el matrimonio civil o la abolición de la pena de muerte. Siente Carmen, en estos meses de bulliciosa emoción, que no es ella sola, sino todo un país, quien se sube al árbol de Rodalquilar. Siente que, por primera vez, una España rica y diversa puede elevarse por encima de sí misma y otear a lo lejos, en el horizonte, la conquista de un futuro mejor.

Pero ya se sabe que el destino es un duende revoltoso. Ni ella ni la República ni España llegarán a contemplar ese futuro.

≣

# DÉCIMO Y ÚLTIMO PELDAÑO

Otoño de 1932. La calle de la Princesa está alfombrada por un manto de hojas amarillas que crujen al paso de los viandantes. Los árboles lucen desnudos como angelotes sin pudor. Carmen camina despacio y se detiene frente al portal número 12. Son las ocho de la tarde; en la primera planta la esperan para participar en una mesa redonda sobre educación sexual. Su médico y amigo, Gregorio Marañón, le ha ordenado que cancele todas las actividades de su apretada agenda. De lo contrario, el corazón no le aguantará mucho más. Pero Carmen piensa que la educación sexual es algo muy importante que tiene que ver con la dignidad de las personas, algo por lo que merece la pena hacer un esfuerzo.

Entra en el portal y, desde abajo, observa la escalera que sube al primer piso.

Tiene exactamente diez peldaños, un pasamanos de madera y un delicado trabajo con flores de forja. Comienza a subir despacio; cada peldaño le exige un breve descanso para respirar y reponerse. La vida debería ser así, piensa: detenida, lenta, reflexiva. Deberíamos tener tiempo para ser conscientes de nuestros pasos y saber por qué caminamos y hacia dónde nos dirigimos. Pero al instante se corrige y recuerda cuando era una niña libre corriendo sin rumbo por la playa y los campos. Sonríe. Apenas alcanza el décimo peldaño, un hombre abre una puerta y sale a su encuentro. Le regaña cariñosamente: «Pero, doña Carmen, ¡si tiene usted el ascensor!». Carmen, fatigada, recobrando el resuello, se agarra del brazo del hombre y se esfuerza por sonreír: «¿Hay mucha gente en la sala?», pregunta. «A reventar, doña Carmen; a reventar».

Poco rato después, mientras está en el uso de la palabra, Carmen sufre un desvanecimiento. Dos médicos la atienden de inmediato. Se miran. No hay nada que hacer. Su corazón, que tanto ha vivido, se apaga definitivamente.

Estaba hablando de libertad, de educación sexual, del buen amor.

## EPÍLOGO

Llovía suavemente la tarde del 9 de octubre cuando una multitud de personas acompañaron el féretro de Carmen de Burgos hasta el cementerio civil de Madrid. Ella había dejado claro en repetidas ocasiones su deseo de ser enterrada en aquel jardín apacible, donde descansaban los restos de otros intelectuales que habían vivido con ideales semejantes a los suyos. Fue así como el nombre de Carmen de Burgos quedó grabado en una lápida para la eternidad.

Pocos años después, un grupo de militares perpetraban un golpe de Estado contra la República y, tras una terrible Guerra Civil, instauraban en España una dictadura bajo las órdenes del general Franco. La lectura se convirtió entonces en una actividad peligrosa.

Una de las primeras medidas de aquel nuevo Gobierno fue crear una *lista negra* con autores que debían ser desterrados de todas las librerías y bibliotecas españolas; entre ellos, Voltaire, Rousseau, Máximo Gorki y…, efectivamente, Carmen de Burgos. Para los censores era importante que la obra de Carmen no llegara jamás a las nuevas generaciones, que su vocación de libertad no anidara en las mujeres y los hombres del porvenir.

Si tienes ahora este libro entre las manos, es porque no lo consiguieron.